Mon premier dictionnaire illustré de français

La maison

Dans la chambre à coucher
Dans la salle de bains
On s'habille
Le petit-déjeuner est prêt

Dans la cuisine
Au salon
Dans le garage
Tous au jardin!

© 2002 - ELI s.r.l.
B.P. 6 - Recanati - Italie
Tél. +39/071/75 07 01 - Télécopie +39/071/97 78 51
www.elionline.com
e-mail: info@elionline.com

de Joy Olivier
Illustrations : Federica Jossa
Version française : Pierre Hauzy

Tous droits réservés.
Toute reproduction de cet ouvrage, par quelque procédé que ce soit, photocopie, photographie ou autre,
est formellement interdite -usage didactique ou personnel compris- sans l'autorisation des Éditions ELI.

Imprimé en Italie - Tecnostampa Recanati - 02.83.068.0

ISBN 88-8148-827-2

la chaise

Dans la chambre à cou

Il est sept heures. Le réveil sonne, mais Antoine et Martine dorment encore.
Ronron, le chat, est déjà réveillé.
Où est-il? Trouve-le vite!
Colorie en orange la couverture d'Antoine et en jaune la couverture de Martine.

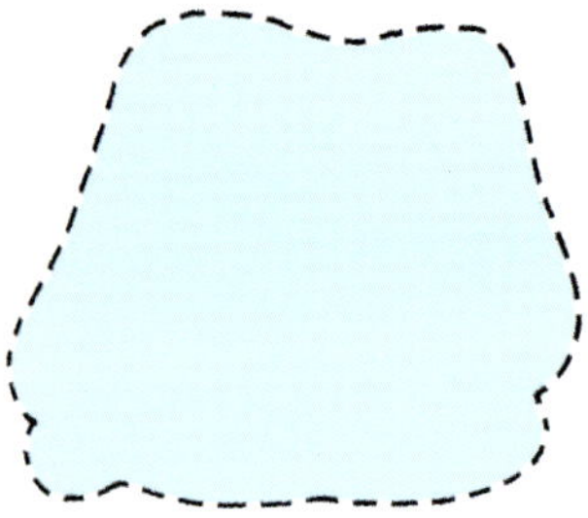

la couverture

le poster

le tapis

le lit

l'étagère

le pyjama

3

Dans la salle de bains

Antoine et Martine sont dans la salle de bains.
Martine se brosse les cheveux et Antoine se lave les dents.
Où est l'essuie-mains rouge?

Colorie le grand peignoir en rouge et le petit peignoir en bleu.

le miroir

l'essuie-mains

le peignoir

On s'habille

le chapeau

Antoine et Martine s'habillent.
Antoine a perdu une chaussette.... Où est-elle?
Cherche la chaussette d'Antoine et colorie-la.

les chaussures

le tee-shirt

le polaire

la confiture

le jus d'orange

Le petit-déjeuner est prêt

Antoine et Martine prennent leur petit-déjeuner.
Que prend Antoine?
Que prend Martine?

Et toi, que prends-tu le matin?

les gâteaux secs

le thé

le réveil
les pantoufles
le bureau
l'armoire
l'oreiller
la table de nuit

la douche
les waters
le lavabo
le sèche-cheveux
la brosse à cheveux
la baignoire
la brosse à dents
le peigne

le pantalon
la robe
la petite culotte
les bottes
la salopette
les chaussettes
les collants
la jupe
le parka

Dans la cuisine

Regarde le dessin de la page 8 pendant une minute, puis regarde le dessin de cette page: qu'est-ce qui a changé de place?

Colorie la table et les chaises.

l'assiette

la tasse

le couteau

la fourchette

la cuillère

le tableau

Au salon

Antoine et Martine sont au salon avec papa et maman. Antoine écoute une belle histoire et Martine est au téléphone... Et le chat? Que fait Ronron?
Colorie le fauteuil de la couleur de ton choix.

le fauteuil

le téléphone

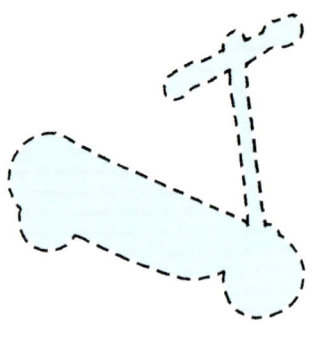
la trottinette

les patins en ligne

Dans le garage

Regarde! Antoine et Martine sont dans le garage. Où est Ronron? Colorie la grande voiture en jaune et la petite voiture en rouge.

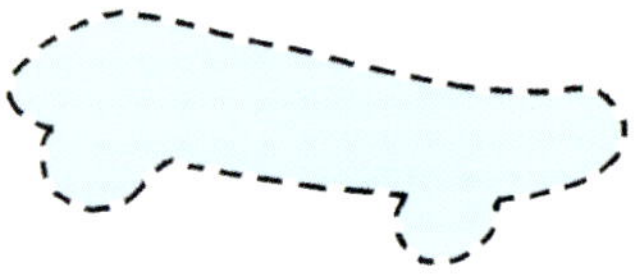

la planche à roulettes

le camion

le camion des pompiers

la sonnette

le buisson

Tous au jardin!

Antoine et Martine aiment beaucoup leur jardin. Compte tous les papillons. Il y en a combien? Choisis tes plus belles couleurs et colorie chaque papillon.

les fleurs

le nid

Tu veux savoir si tu as collé les mots à la bonne place? Regarde la solution.

 le réveil

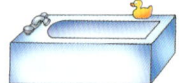 la baignoire

 le verre

 la porte

 les pantoufles

 la brosse à dents

 le lait

 le tapis

 le bureau

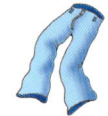 le pantalon

 le beurre

 le train

 l'armoire

 la robe

 la bouteille

 le vélo

 l'oreiller

 la petite culotte

 la table

 l'avion

 la table de nuit

 les bottes

 le yaourt

 le casque

 la douche

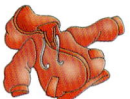 le parka

 le pain

 la voiture

 le peigne

 les chaussettes

 le café

 la moto

 les waters

 les collants

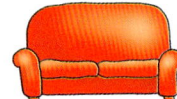 le divan

 les feuilles

 le lavabo

 la jupe

 les rideaux

 l'arbre

 le sèche-cheveux

 la salopette

 la télévision

 l'oiseau

 la brosse à cheveux

 la chaise

 la plante verte

 l'araignée